VENTE APRÈS DÉCÈS

TABLEAUX & PASTELS

ANCIENS

Dessins, Estampes, Sculptures

PROVENANT EN MAJEURE PARTIE DE L'ANCIENNE

GALERIE DELESSERT

Paris — Mai 1911

VENTE APRÈS DÉCÈS

Tableaux & Pastels

ANCIENS

DESSINS, ESTAMPES, SCULPTURES

PROVENANT EN MAJEURE PARTIE DE L'ANCIENNE

GALERIE DELESSERT

CONDITIONS DE LA VENTE

Elle sera faite au comptant.

Les adjudicataires payeront *dix pour cent* en sus des enchères.

ORDRE DE LA VACATION

	Numéros.
Estampes	11 à 20
Dessins et Gouaches	7 à 10
Sculptures	21 à 23
Pastels	5 et 6
Tableaux	1 à 4

Paris. — Imp. Georges Petit, 12, rue Godot-de-Mauroi. — [illegible]

CATALOGUE

DE

Tableaux & Pastels

ANCIENS

Œuvres importantes d'Albert Cuyp & Jean Wynants

Beaux Pastels par La Tour et la Rosalba

DESSINS, GOUACHES, SCULPTURES

Estampes en noir et en couleurs par P.-L. DEBUCOURT

« LA PROMENADE PUBLIQUE »

Estampes Anglaises relatives au Sport et autres

PROVENANT EN MAJEURE PARTIE DE

l'Ancienne Galerie Delessert

ET DONT LA VENTE AUX ENCHÈRES PUBLIQUES AURA LIEU A PARIS

PAR SUITE DE DÉCÈS

HOTEL DROUOT, Salles Nos 9 & 10 réunies

Le Samedi 13 Mai 1911, à 4 heures

COMMISSAIRE-PRISEUR	EXPERTS
Me FÉLIX ALBINET	MM. PAULME & B. LASQUIN FILS
20, rue d'Aumale, 20	10, rue Chauchat — rue Grange-Batelière, 11

EXPOSITIONS

PARTICULIÈRE : *Le Vendredi 12 Mai 1911, de 1 h. 1/2 à 6 h.*

PUBLIQUE (avant la vente) : *Le Samedi 13 Mai 1911, de 1 h. 1/2 à 4 h.*

Entrée par la rue Grange-Batelière.

Tableaux Anciens

BELLANGÉ

JEAN-LOUIS-HIPPOLYTE

1 — *Le Passage dans l'île Lobau.*

La scène est éclairée par la lune et les feux du bivouac : l'armée française passe dans l'île Lobau sous le feu de l'ennemi : l'Empereur, descendu de cheval, surveille les mouvements de son armée, entouré de plusieurs généraux auprès de lui.

Bois. Haut., 24 centim. [illegible]

Vente de la Galerie Delessert, n° 116, mars 1869.

CUYP

(ALBERT)

Dordrecht, 1605-1691.

2 — *Vaches sur un tertre, dans une prairie.*

Sept vaches sont groupées sur un tertre au milieu d'une prairie hollandaise coupée par une rivière; une seule est restée debout et regarde au loin. Un pâtre est assis près de là, au bord de l'eau, sur la déclivité du terrain, tournant le dos au spectateur; il est coiffé d'un chapeau et tient à la main un bâton. De l'autre côté de la rivière, on voit un moulin à vent et d'autres prairies.

Le ciel, inondé de lumière, doré par les derniers rayons d'un chaud soleil d'été, parsemé de quelques légers nuages gris, complète le charme de cette excellente peinture, chef-d'œuvre d'harmonie, de lumière et d'unité

Signé à gauche, en bas.

Bois. Haut., 62 cent.; larg., 58 cent.

Décrit par Smith, t. V, n° 149.

Gravé à l'eau-forte par Braquemond dans la *Gazette des Beaux-Arts*.

Cabinet P. Perier.

Vente de la Galerie Delessert, n° 17, mars 1869.

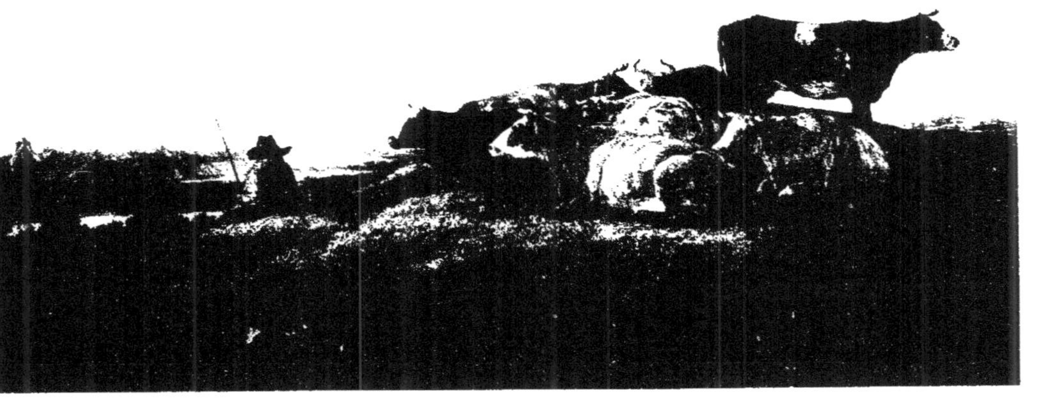

2. *Camp View*

SCHEFFER

ARY

(1795-1858).

3 — « *Laissez venir à moi les petits enfants.* »

Au pied d'un arbre, Jésus s'est assis, accueillant les petits enfants que leurs parents conduisent, et tous écoutent religieusement la parole du divin Maître.

Panneau rectangulaire à vue cintrée du haut.

Signé et daté : *1830*.

Haut., 67 cent.; larg., 52 cent. [illegible]

Ce tableau est peut-être l'esquisse d'un autre plus important, peint en 1840, et qui figurait à l'exposition des œuvres de Ary Scheffer, en mai 1859.

WYNANTS & VELDE

(JEAN) — (ADRIAAN VAN DE)

Vers 1600-1677. — 1639-1672.

4 — *Paysage avec des cochons.*

C'est la lisière d'un bois plein d'ombre et de fraîcheur : une maison de garde est à moitié cachée sous des arbres et par les plantes qui l'entourent : une barrière lui forme une sorte d'enclos et la sépare d'une route qui conduit vers d'autres parties du bois.

Un troupeau de porcs cherchant leur nourriture sur le chemin, ainsi que plusieurs figures et un chien ont été peints par Adriaan Van de Velde.

Très belle et importante œuvre du maître.

Toile. Haut., 68 cent.; larg., 86 cent.

Cabinet Tolozan.

Vente de la Galerie Delessert, n° 111, mars 1869.

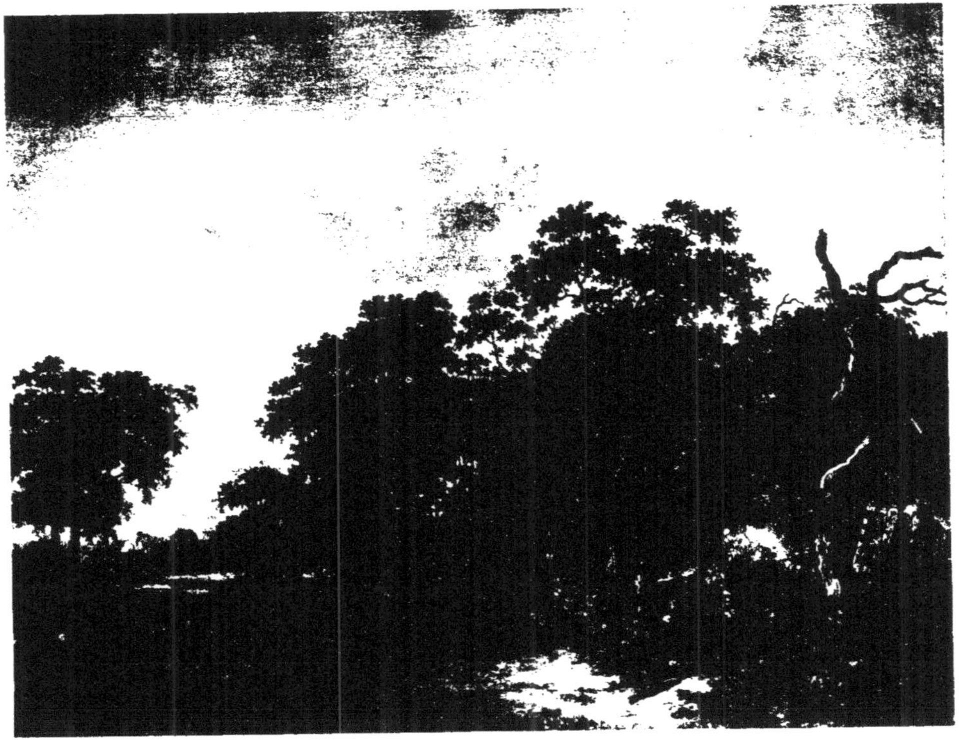

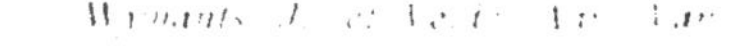

4 *Wynants J.* [illegible]

Pastels

LA TOUR

(MAURICE-QUENTIN DE)

Saint-Quentin, 1704-1788.

5 — *Portrait de Jean-Jacques Rousseau.*

On n'aperçoit que le haut du buste de J.-J. Rousseau assis sur une chaise à dossier de bois. Il est vêtu d'un habit et gilet gris. Son jabot de batiste uni et la poudre de sa perruque sont d'un blanc grisâtre. Les joues mal rasées offrent une coloration presque semblable. Dans tout ce gris éclate la lumière de deux yeux charmants sur lesquels la paupière inférieure retroussée remonte un peu par un plissement de tristesse attendrissante.

Pastel. Haut., 52 cent. Larg., 38 cent.

En dehors du pastel conservé au musée de Saint-Quentin, portant le n° 12[1] et provenant de l'atelier du maître.

1. Le pastel de Saint-Quentin est un peu plus pe[illegible] que celui-ci [illegible] quelques petites différences dans les détails.

La Tour a dû exécuter deux fois le portrait de Jean-Jacques Rousseau, ainsi qu'en témoignent les deux citations suivantes, l'une extraite des *Confessions*, l'autre, une lettre de Jean-Jacques à l'artiste.

(Henry Lapauze : *Les Pastels de M. Q. de La Tour à Saint-Quentin*.

« Quelque temps après mon retour à Mont-Louis, La « Tour, le peintre, vint m'y voir et m'apporta mon portrait « au pastel, qu'il avait exposé au Salon, il y avait quelques « années (1753). Il avait voulu me donner ce portrait que je « n'avais pas accepté. Mais Mme d'Epinay, qui m'avait donné « le sien et qui voulait avoir celui-là, m'avait engagé à le « lui redemander. Il avait pris du temps pour le retoucher. « Dans cet intervalle vint ma rupture avec Mme d'Epinay ; « je lui rendis son portrait : et, n'étant plus question de lui « donner le mien, je le mis dans ma chambre au petit « château. M. de Luxembourg l'y vit et le trouva bien : je le « lui offris, il l'accepta : je le lui envoyai... »

Confessions de J.-J. Rousseau, 2e partie, livre X, 1760.)

Rousseau, décrété de prise de corps le 10 juin 1762, sur les conclusions de Joly de Fleury, pour son livre *Emile ou l'Education*, s'était enfui à Genève. Le 14 octobre 1764, il écrit à La Tour pour le remercier de l'envoi de son portrait.

« A M. de La Tour.

A Motiers, le 14 octobre 1764.

« Oui, Monsieur, j'accepte encore mon *second* portrait. « Vous savez que j'ai fait du premier un usage aussi hono- « rable à vous qu'à moi, et bien précieux à mon cœur. M. le « Maréchal de Luxembourg daigna l'accepter : Mme la Maré- « chale a daigné le recueillir. Ce monument de votre amitié, « de votre générosité, de vos rares talents occupe une place « digne de la main dont il est sorti. J'en destine au second « une plus humble, mais dont le même sentiment a fait « choix. Il ne me quittera point, Monsieur, cet admirable « portrait qui me rend en quelque façon l'original respec- « table. Il sera sous mes yeux chaque jour de ma vie : il

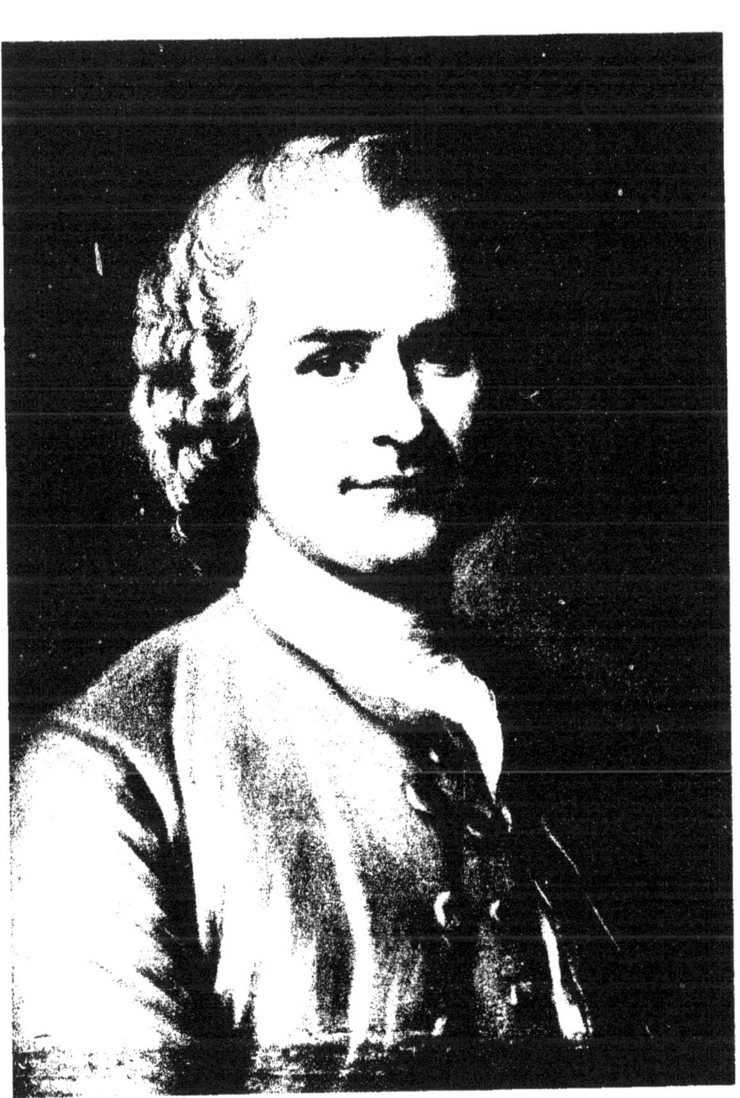

5. *La Tour M. Q. de*

» parlera sans cesse à mon cœur : il sera transmis après moi » dans ma famille, et, ce qui me flatte le plus dans cette » idée, c'est qu'on s'y souviendra toujours de notre amitié.

« J.-J. Rousseau. »

C'est ce second portrait de Rousseau par La Tour, conservé dans la famille Delessert et provenant directement du philosophe, ami de cette famille, qui fait partie de la présente vente.

Ce pastel, considéré comme souvenir, ne figura pas à la vente de la Galerie Delessert faite en 1869, mais est décrit sous le n° 99 dans le catalogue des tableaux de M. François Delessert.

ROSALBA-CARRIERA

Venise, 1675-1757.

6 — *Portrait de Louise-Anne de Bourbon, Mademoiselle de Charolais*, *née à Versailles le 23 juin 1695, morte le 8 avril 1758.*

Représentée en buste, de trois quarts à droite, la tête inclinée, et le visage retourné vers le spectateur. Elle est vêtue d'un corsage de brocart décolleté, fermé par un bijou, et laissant apparaître la chemisette de dentelle couvrant les seins. La chevelure est parée d'un ruban, et les épaules sont revêtues d'une fourrure.

Cadre ancien en bois sculpté et doré.

Au revers du cadre, sur un panneau de bois, se lit l'inscription ci-dessus, et, gravé au feu, le chiffre couronné de Louis-Philippe d'Orléans.

Pastel. Haut., 56 cent.; larg., 44 cent.

Vente du domaine d'Orléans.

Collections du roi Louis-Philippe, n° 289. Avril 1851.

Vente après décès de la comtesse de Nadaillac, n° 35. Juin 1887.

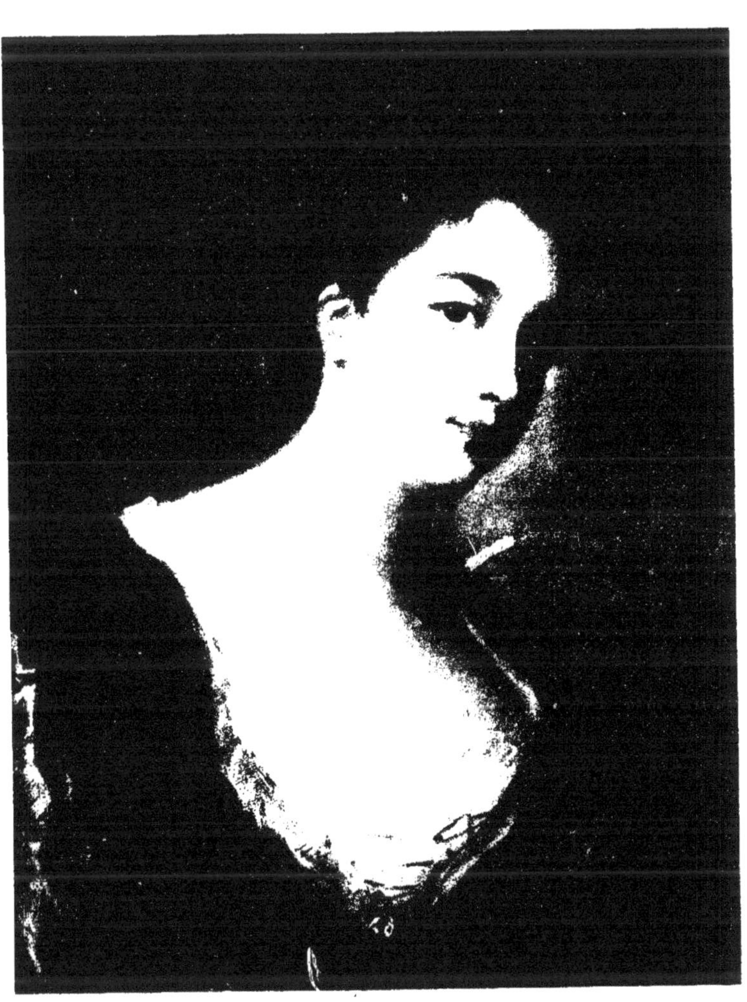

6. *Rosalba-Carriera*

Dessins & Gouaches

BOISSIEU

(JEAN-JACQUES DE)

Lyon, 1736-1810.

7-8 — *Le Maréchal-ferrant.*

Le Musicien de village.

Deux dessins à la plume et lavis de sépia, faisant pendants.

Signés.

Haut., [illegible] cent. 1/2 ; larg., [illegible] cent.

Vente Beauchant, 1825.

ÉCOLE FRANÇAISE

(Commencement du XIXe siècle)

9-10 — *Vue prise des environs de Rome.*

Vue prise d'Amsterdam.

Deux grandes gouaches faisant pendants.

Haut., 58 cent.; larg., 79 cent.

Estampes anciennes

DEBUCOURT

LOUIS-PHILIBERT

11 — ***La Promenade publique.***

Estampe capitale dans l'œuvre du Maître, publiée en 1792.

Très belle épreuve, *imprimée en couleurs*, avec une très grande marge. Rare.

(Maurice Fenaille : *Œuvre gravé de Debucourt*, n° 33).

DEBUCOURT

LOUIS-PHILIBERT

12 — ***Calèche se rendant au rendez-vous de chasse.***

Très grande estampe, d'après Carle Vernet, publiée par Rolland, en 1806. Pièce appelée : *la Grande calèche*.

Superbe et très rare épreuve imprimée en noir, avec une très grande marge.

HARRIS

J.

13 — *Portrait de « Gladiateur ».*

Cheval de course, appartenant au comte F. de Lagrange.

D'après H. Hall.

Belle épreuve en couleurs avec marge.

HARRIS

J.

14 — *Portrait de « Irish-Birdcatcher ».*

Cheval de course, d'après H. Hall.

Belle épreuve en couleurs avec marge.

POLLARD

D'après JAMES

15 — *Elephant and Castle on the Brighton Road.*

Grande estampe ancienne anglaise sur les coaches, par Th. Fielding, 1826.

Superbe et très rare épreuve en couleurs sans marge.

REYNOLDS

D'après SIR JOSHUA

16 — *A Contemplative Youth.*

Estampe ancienne anglaise, gravée par C. H. Hodges.

Très belle et rare épreuve *imprimée en couleurs* avec une belle marge.

SPORT (Estampes anglaises de)

17 — *Going to a Fair.*

Deux estampes anglaises faisant pendants, en couleurs vernies et sans marge.

18 — *Chasses diverses.*

Suite de huit petites gravures anglaises en couleurs, sans marge. Encadrées par quatre, dans deux cadres.

19 — *Chasses et Courses.*

Suite de douze petites gravures anglaises en couleurs, sans marge. Encadrées par quatre, dans trois cadres.

VERNET

(D'après HORACE)

20 — *L'Hallali.*

Chasse au canard sauvage.

Deux gravures faisant pendants, par J. W. Reynolds.

Belles épreuves imprimées en noir avec grande marge.

Sculptures

ANTIQUE (D'après l')

21 — *Apollon debout.*

Statue en marbre blanc.

Haut., 1 m. 25.

Socle en bois.

CAFFIERI

D'après JEAN-JACQUES

1725-1792.

22 — *Benjamin Franklin, né à Boston, en Amérique, le 17 janvier 1706. Fait à Paris, par J.-J. Caffieri, en 1777.*

Buste en plâtre teinté terre cuite portant, au dos, l'inscription ci-dessus se trouvant sur le buste original de la Bibliothèque Mazarine.

Hauteur avec piédouche, 72 cent.

HOUDON

(D'après JEAN-ANTOINE)

1741-1828.

23 — *Jean-Jacques Rousseau.*

Buste en plâtre teinté terre cuite portant, comme l'original qui figurait au Salon de 1779, la signature et la date : *1778*.

Hauteur avec piédouche, 70 cent.

www.ingramcontent.com/pod-product-compliance
Ingram Content Group UK Ltd.
Pitfield, Milton Keynes, MK11 3LW, UK
UKHW022153170726
13837UKWH00004B/1965